MW01252605

Bosque Encantado

Para colorir,
estimular
a imaginação
e relaxar

Título do original: **Pretty Patterns**
Design: Billy Waqar e Claire Cater

Material adaptado de **www.shutterstock.com**,
com agradecimento a Hannah Davies pelas artes originais.

Publicado pela primeira vez na Inglaterra em 2014
por Michael O'Mara Books Limited,
9 Lion Yard, Tremadoc Road, Londres SW4 7NQ

Copyright © Michael O'Mara Books 2014
© 2015 Ediouro Publicações Ltda.

Diretoria: **Jorge Carneiro e Rogério Ventura**
Diretor Editorial: **Henrique Ramos**
Editor-chefe: **Daniel Stycer**
Colaboração (ilustração): **João Miranda**

Todas as marcas contidas nesta publicação e os direitos autorais
incidentes são reservados e protegidos pelas Leis nº 9.279/96
e nº 9.610/98. É proibida a reprodução total ou parcial, por
quaisquer meios, sem autorização prévia, por escrito, da editora.

COQUETEL
Ediouro Publicações Ltda.
Rua Nova Jerusalém, 345 – CEP 21042-235
Rio de Janeiro – RJ
Tel.: (21) 3882-8200 | Fax.: (21) 2290-7185
e-mail: coquetel@ediouro.com.br
www.coquetel.com.br

colorir

colorir é uma atividade que traz sensações positivas, como serenidade e bem-estar. Além disso, a sua prática estimula áreas cerebrais ligadas à motricidade, aos sentidos e à criatividade.

Neste livro, você encontra belíssimas imagens que representam a Natureza: flores, folhas, pássaros e borboletas se encontram em cenários belíssimos, para colorir e acalmar a mente. Use lápis de cor, giz de cera e o que mais achar interessante. Não é recomendado o uso de caneta hidrográfica porque a tinta pode passar para o verso da página.

Construa cenas com suas cores preferidas, seus traços, seus sentimentos, deixando de lado o estresse do dia a dia.

Bosque Encantado traz também atividades para estimular a imaginação, a concentração e a observação.

As imagens abaixo estão escondidas ao longo do livro. O número indica quantas vezes você deve achar cada uma das imagens. No final, você encontra as respostas.

8
formigas

6
besouros

4
cogumelos

8
libélulas

5
mosquitos

2
regadores

4
sapos

10
nozes

3
duendes

2
esquilos

Pinte
apenas o fundo
da cena.

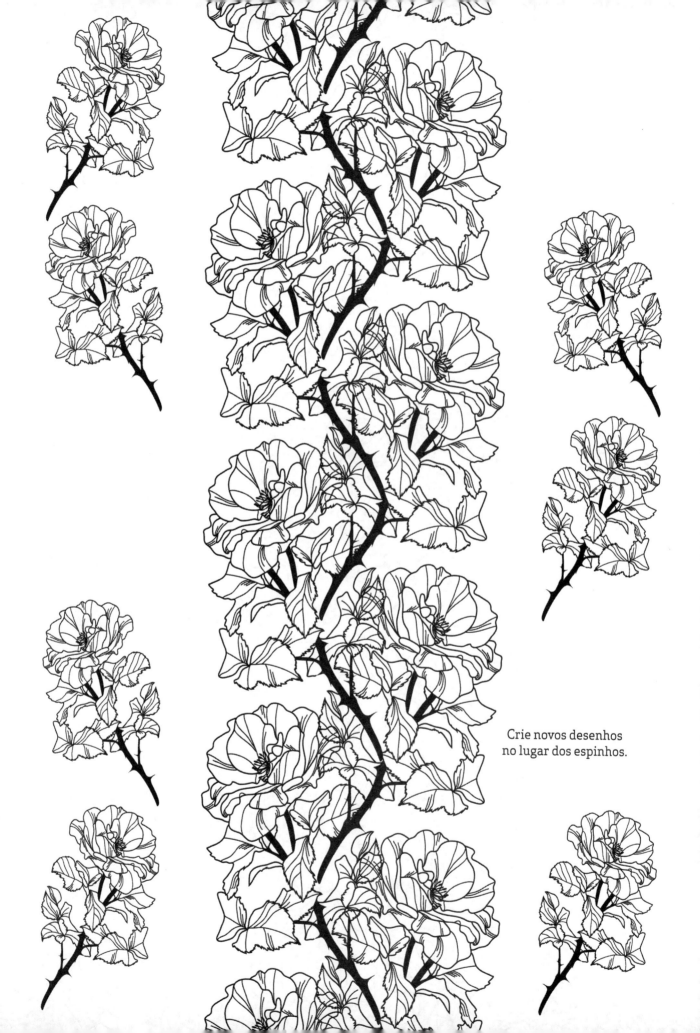

Crie novos desenhos
no lugar dos espinhos.

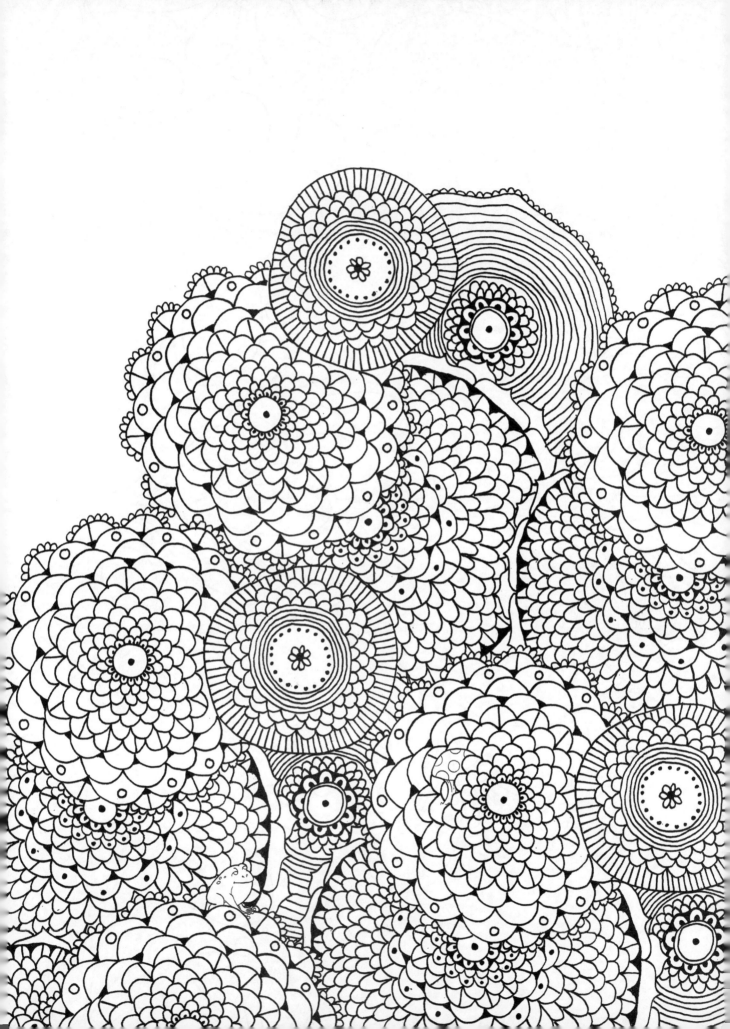

O que você colaria
para completar
essas páginas?

Tente completar esta página com o padrão.

Em cada ✿ desenhe uma flor.

Preencha os miolos
das flores com bolinhas.

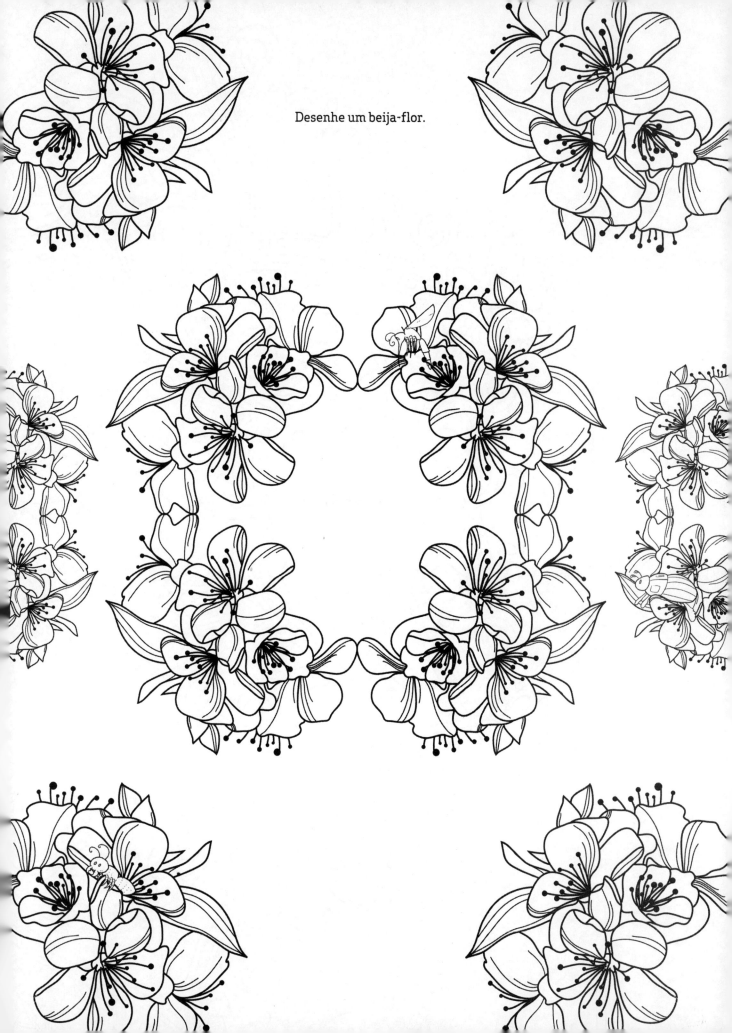

Desenhe um beija-flor.

Que nome
você
escreveria
dentro
do coração
maior?

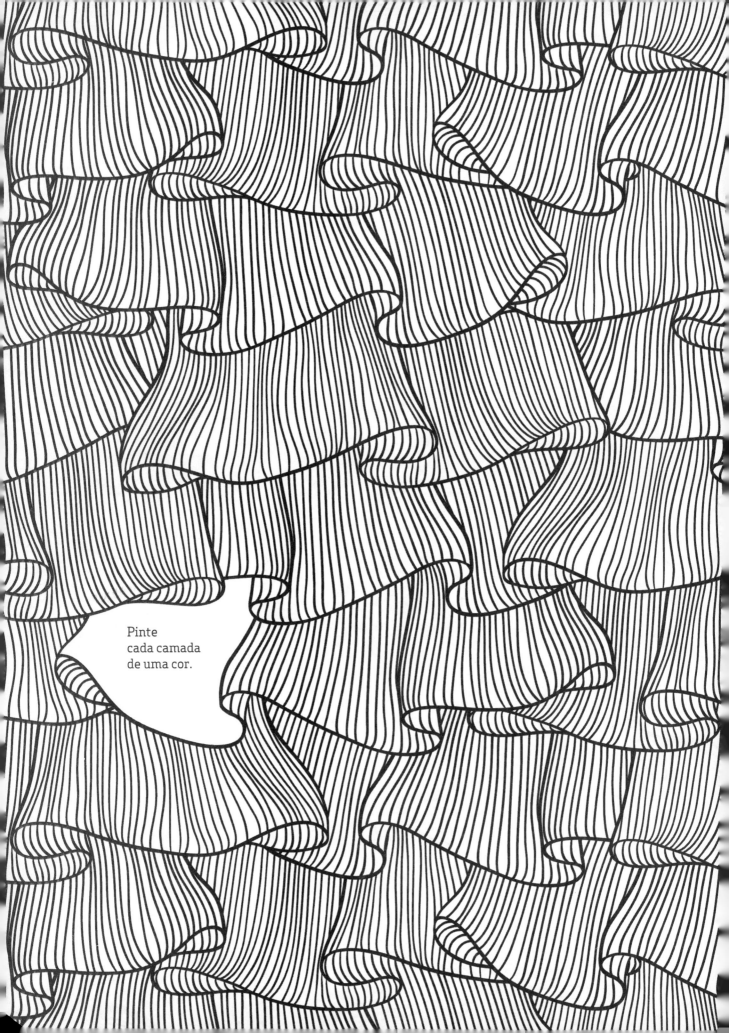

Pinte
cada camada
de uma cor.

Pinte
as flores com
vários tons
de uma cor.

Flores para...

Solução

1 mosquito

1 besouro, 1 cogumelo

1 formiga, 1 duende

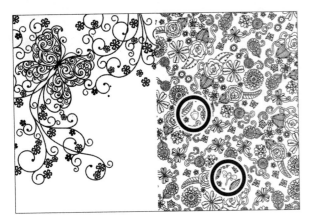

1 noz, 1 libélula

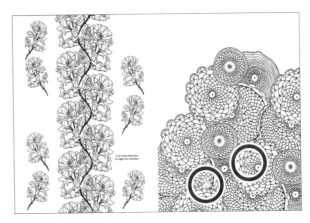

1 sapo, 1 cogumelo

3 nozes

1 formiga

2 nozes, 1 esquilo

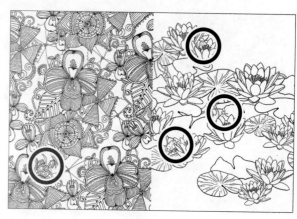

1 regador, 2 sapos, 1 libélula

2 besouros, 1 mosquito

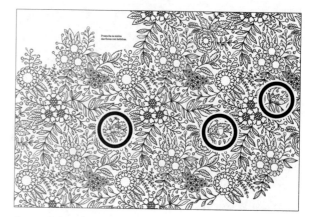

1 noz, 2 formigas

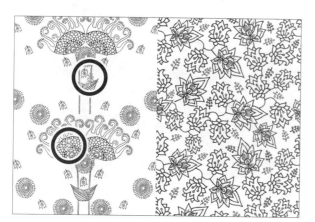

2 libélulas

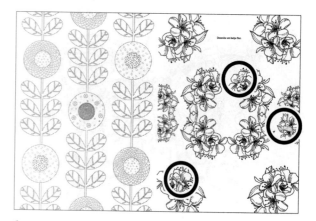

1 mosquito, 1 besouro, 1 formiga

1 cogumelo, 1 libélula

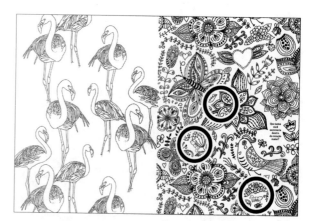

1 noz, 2 formigas

1 esquilo, 1 duende, 1 besouro, 2 nozes

2 libélulas

1 besouro, 1 sapo, 1 regador

1 formiga, 1 mosquito

1 libélula

1 mosquito, 1 cogumelo, 1 duende